Salomée Vidal et Jérémie Kanza
Photographies de Charlotte Lascève
Stylisme de Christine Legeret

BALLS

Les 32 recettes de boulettes

LES PETITS PLATS
MARABOUT
ORIGINAUX & AUTHENTIQUES
DEPUIS L'AN 2000

SOMMAIRE

INGRÉDIENTS

VIANDE HACHÉE

Pas de secret, pour faire de bonnes boulettes, il vous faut de la bonne viande, fraîchement hachée. Le mieux est de la hacher vous-même juste avant la confection des boulettes. La seule manière de la hacher maison est de la passer au hachoir. Au mixeur, vous risquez d'obtenir de la bouillie ; au couteau, la boulette risque de ne pas se tenir et d'être un peu dure. Si vous n'avez pas de hachoir, commandez la viande hachée chez votre boucher. N'utilisez pas de morceaux trop maigres : une viande bien persillée (parsemée de filaments de graisse) fera de bien meilleures boulettes. Demandez conseil à votre boucher.

PAIN ET ŒUFS

Ils garantissent le moelleux et le liant des boulettes. Il est recommandé d'utiliser du pain rassis (vous pouvez recycler le pain de la veille) et de le faire tremper dans du lait. Choisissez des œufs bien frais.

HERBES ET ÉPICES

Elles apportent de la fraîcheur et de la saveur aux boulettes. Choisissez des herbes bien fraîches, rincez-les et hachez-les au couteau. N'hésitez pas à en mettre beaucoup !

Utilisez des épices de qualité, certes un peu coûteuses, mais dont la saveur aura été bien conservée. Une petite quantité de bonnes épices vaudra toujours mieux qu'une grande quantité d'épices moyennes.

OIGNONS

Pensez à les couper bien fins. Dans la plupart des recettes, nous vous conseillons d'utiliser des oignons blancs cuits, car plus digestes. Ils apportent également une légère touche sucrée très agréable.

ROULAGE ET CUISSON

ROULAGE

Pour former les boulettes, prélevez une petite quantité de la préparation et roulez-la dans le creux de la main comme de la pâte à modeler.

CŒURS COULANTS

On peut faire des boulettes au cœur coulant en les garnissant de fromage ; il va fondre à la cuisson. Ouvrez la boulette en deux, creusez un petit trou, déposez la farce, refermez la boulette sur la farce et roulez-la dans le creux de la main en s'assurant qu'elle est bien refermée (elle risque sinon d'éclater à la cuisson).

CUISSON DOUBLE

Dans la plupart des recettes, nous pratiquons une double cuisson : d'abord un marquage à la poêle pour donner une belle coloration et une enveloppe croustillante, puis une cuisson complète au four afin que le gras et le jus se diffusent harmonieusement au cœur des boulettes pour plus de goût et de moelleux.

À la poêle, faites-les revenir à l'huile végétale.

Au four, déposez-les sur une plaque de cuisson ou dans un plat à four.

CUISSON SIMPLE À LA FRITEUSE

Pour certaines recettes, la cuisson se fait à la friteuse. Utilisez une huile bien propre et bien chaude pour ne pas alourdir les boulettes ni les charger en huile.

BŒUF OIGNON PERSIL

POUR 20 BOULETTES
PRÊT EN 35 MINUTES

600 g de bœuf (basse côte) fraîchement haché*
2 œufs entiers
50 g de pain
200 ml de lait
1 gros oignon blanc
1 bouquet de persil plat
huile de tournesol
1 cuillère à soupe de sucre
1 cuillère à café de sel
5 tours de moulin à poivre

* avec votre hachoir ou par le boucher

Tremper le pain dans le lait jusqu'à ce qu'il soit bien imbibé. Faire revenir l'oignon émincé dans une casserole à feu doux avec le sucre et une cuillère à soupe d'huile de tournesol. Une fois l'oignon translucide, retirer du feu (avant coloration). Hacher le persil plat à l'aide d'un couteau.

Mélanger la viande hachée, l'oignon et le persil plat. Ajouter les œufs et le pain préalablement essoré. Saler et poivrer.

Bien mélanger la farce à la main, puis former des boulettes de 4 cm de diamètre. Faire chauffer un peu d'huile de tournesol (ou une autre matière grasse végétale) dans une poêle. Saisir les boulettes environ 15 secondes de chaque côté, puis les disposer sur une plaque de cuisson et enfourner 10 minutes à 200 °C. Déguster avec une sauce tomate maison (voir page 64) ou juste nature avec un peu de moutarde.

BŒUF SAUGE PECORINO

POUR 20 BOULETTES
PRÊT EN 40 MINUTES

600 g de bœuf (basse côte) fraîchement haché*
2 œufs entiers
50 g de pain
200 ml de lait
1 gros oignon blanc
1 bouquet de persil plat
quelques feuilles de sauge
150 g de pecorino (ou parmesan) râpé
20 g de beurre
huile de tournesol
1 cuillère à soupe de sucre
sauce tomate du commerce ou maison (voir page 64)
1 cuillère à café de sel
5 tours de moulin à poivre

* avec votre hachoir ou par le boucher

Tremper le pain dans le lait jusqu'à ce qu'il soit bien imbibé. Faire revenir l'oignon émincé dans une casserole à feu doux avec le sucre et une cuillère à soupe d'huile de tournesol. Une fois l'oignon translucide, retirer du feu (avant coloration). Hacher le persil plat à l'aide d'un couteau. Faire revenir les feuilles de sauge au beurre dans une poêle.

Mélanger la viande hachée, l'oignon et le persil. Ajouter les œufs, le pain préalablement essoré, le pecorino râpé et la sauge. Saler et poivrer.

Bien mélanger la farce à la main, puis former des boulettes de 4 cm de diamètre. Les saisir dans une cocotte avec un peu d'huile de tournesol, puis recouvrir de sauce tomate et laisser mijoter 15 minutes. Servir avec un peu de pecorino fraîchement râpé.

STAUB
STAUB

BŒUF ÉCHALOTES FRITES CHEDDAR SAUCE BBQ

POUR 20 BOULETTES
PRÊT EN 35 MINUTES

600 g de bœuf (basse côte) fraîchement haché*
2 œufs entiers
50 g de pain
200 ml de lait
1 gros oignon blanc
4 belles échalotes
1 bouquet de persil plat
100 g de cheddar orange
huile de tournesol
1 cuillère à soupe de sucre
sauce barbecue du commerce
1 cuillère à café de sel
5 tours de moulin à poivre

* avec votre hachoir ou par le boucher

Éplucher et émincer finement les échalotes avant de les faire frire à la friteuse ou dans une poêle remplie d'un bon centimètre d'huile bouillante. Lorsqu'elles sont colorées, les réserver sur du papier absorbant. Tremper le pain dans le lait jusqu'à ce qu'il soit bien imbibé. Faire revenir l'oignon émincé dans une casserole à feu doux avec le sucre et une cuillère à soupe d'huile de tournesol. Une fois l'oignon translucide, retirer du feu (avant coloration). Hacher le persil plat à l'aide d'un couteau.

Mélanger la viande hachée, l'oignon et le persil. Ajouter les œufs et le pain préalablement essoré. Saler et poivrer.

Bien mélanger la farce à la main, puis former des boulettes de 4 cm de diamètre. Insérer au centre de chacune un petit cube de cheddar (ouvrir la boulette en deux, creuser un petit trou pour le fromage, refermer). Faire chauffer un peu d'huile dans une poêle. Saisir les boulettes environ 15 secondes de chaque côté, puis les disposer sur une plaque de cuisson et enfourner 10 minutes à 200 °C. Badigeonner les boulettes de sauce barbecue et parsemer d'échalotes frites. Servir bien chaud pour que le cheddar soit coulant à cœur.

BŒUF ŒUF DE CAILLE SAUCE MOUTARDE

POUR 20 BOULETTES
PRÊT EN 40 MINUTES

600 g de bœuf (basse côte) fraîchement haché*
2 œufs entiers
50 g de pain, 200 ml de lait
1 gros oignon blanc
1 bouquet de persil plat
20 œufs de caille
huile de tournesol
1 cuillère à soupe de sucre
1 cuillère à café de sel
5 tours de moulin à poivre

sauce moutarde
2 cuillères à soupe de moutarde à l'ancienne
1 cuillère à soupe de moutarde de Dijon
1 cube de bouillon de volaille
1 grand verre d'eau
500 ml de crème liquide
sel, poivre

Tremper le pain dans le lait jusqu'à ce qu'il soit bien imbibé. Faire revenir l'oignon émincé dans une casserole à feu doux avec le sucre et une cuillère à soupe d'huile de tournesol. Une fois l'oignon translucide, retirer du feu avant coloration. Hacher le persil plat à l'aide d'un couteau.

Mélanger la viande hachée, l'oignon et le persil. Ajouter les œufs entiers et le pain préalablement essoré. Saler et poivrer.

Bien mélanger la farce à la main, puis former des boulettes de 4 cm de diamètre. Ouvrir chaque boulette en deux, creuser un petit trou au centre et y déposer un œuf de caille (casser les œufs de caille dans un petit récipient au fur et à mesure du façonnage des boulettes). Refermer en remodelant la boulette. Faire chauffer un peu d'huile de tournesol dans une poêle. Saisir les boulettes 15 secondes de chaque côté, puis les disposer sur une plaque de cuisson et enfourner 10 minutes à 200 °C.

Pour la sauce, dissoudre le bouillon cube dans l'eau et la crème liquide, porter à frémissement puis ajouter les deux moutardes. Saler, poivrer. Servir les boulettes nappées de sauce.

* avec votre hachoir ou par le boucher

BŒUF PIMENTS HARICOTS ROUGES

POUR 20 BOULETTES
PRÊT EN 35 MINUTES

600 g de bœuf (basse côte) fraîchement haché*
2 œufs entiers
50 g de pain
200 ml de lait
50 g d'oignon rouge finement haché
1 bouquet de coriandre
2 piments oiseau (piment frais)
150 g de haricots rouges cuits
1 poivron rouge
2 citrons verts
1 cuillère à café d'huile de tournesol
2 cuillères à soupe de concentré de tomate
1 cuillère à café de sel
5 tours de moulin à poivre

* avec votre hachoir ou par le boucher

Écraser grossièrement les haricots rouges à la fourchette. Dans une petite casserole, faire chauffer l'huile avec le concentré de tomate, puis ajouter l'oignon haché. Tremper le pain dans le lait jusqu'à ce qu'il soit bien imbibé.

Mélanger le bœuf haché avec les haricots écrasés, l'oignon à la tomate et le poivron coupé en petits dés. Incorporer le pain préalablement essoré, les œufs, la coriandre ciselée et les piments coupés très fin. Saler et poivrer. Ajouter le zeste d'un citron vert et le jus de deux citrons.

Bien mélanger la farce à la main, puis former des boulettes de 4 cm de diamètre. Les disposer sur une plaque de cuisson recouverte de papier sulfurisé et enfourner 10 minutes à 200 °C. Servir avec une sauce tomate (voir page 64).

VEAU POMMES DE TERRE PANCETTA MARJOLAINE

POUR 20 BOULETTES
PRÊT EN 50 MINUTES

600 g de veau (noix de veau) fraîchement haché*
2 œufs entiers
50 g de pain
200 ml de lait
2 échalotes
1 bouquet de marjolaine
2 grosses pommes de terre bintje
6 tranches de pancetta
huile de tournesol
1 cuillère à soupe de moutarde de Dijon
1 cuillère à café de sel
5 tours de moulin à poivre

* avec votre hachoir ou par le boucher

Éplucher finement les échalotes, couper les tranches de pancetta en lamelles et faire revenir le tout 5 minutes à la poêle dans un peu d'huile. Faire cuire les pommes de terre épluchées dans l'eau salée. Quand leur chair est bien tendre, égoutter puis incorporer le mélange échalotes-pancetta et la marjolaine. Écraser à la fourchette pour obtenir une purée bien épaisse. Tremper le pain dans le lait jusqu'à ce qu'il soit bien imbibé.

Mélanger la purée à la viande de veau. Ajouter les œufs, le pain préalablement essoré et la moutarde. Saler et poivrer.

Former des boulettes de 4 cm de diamètre. Faire chauffer un peu d'huile de tournesol (ou autre matière grasse végétale) dans une poêle. Saisir les boulettes environ 15 secondes de chaque côté, puis les disposer sur une plaque de cuisson et enfourner 10 minutes à 200 °C.

VEAU MENTHE PETITS POIS

POUR 20 BOULETTES
PRÊT EN 35 MINUTES

600 g de veau (noix ou tendron) fraîchement haché*
2 œufs entiers
50 g de pain
200 ml de lait
1 bouquet de menthe fraîche
150 g de petits pois frais
1 cuillère à soupe de moutarde
huile de tournesol
1 cuillère à café de sel
5 tours de moulin à poivre

* avec votre hachoir ou par le boucher

Tremper le pain dans le lait jusqu'à ce qu'il soit bien imbibé. Écosser les petits pois, puis les faire cuire 5 minutes dans de l'eau bouillante salée. Ils doivent rester fermes. Stopper la cuisson en les plongeant dans un bol d'eau fraîche rempli de glaçons.

Mélanger le veau haché avec les œufs, le pain préalablement essoré, la menthe finement ciselée et la moutarde. Saler et poivrer. Incorporer les petits pois.

Bien mélanger la farce à la main, puis former des boulettes de 4 cm de diamètre. Faire chauffer une poêle avec un peu d'huile de tournesol (ou une autre matière grasse végétale). Saisir les boulettes environ 15 secondes de chaque côté, puis les disposer sur une plaque de cuisson et enfourner 10 minutes à 200 °C.

VEAU PICKLES DE CHOU ROUGE RAIFORT

POUR 20 BOULETTES
PRÊT EN 50 MINUTES

600 g de veau (noix ou tendron) fraîchement haché*
2 œufs entiers
50 g de pain
200 ml de lait
1 bouquet de persil plat
1 cuillère à soupe de raifort
huile de tournesol
1 cuillère à café de sel
5 tours de moulin à poivre

pickles de chou rouge

200 g de chou rouge
graines de coriandre
600 ml de vinaigre de xérès
20 g de sucre
1 tasse de sel

*** avec votre hachoir ou par le boucher**

Pour réaliser les pickles, faire bouillir 1 litre d'eau avec le sel, le sucre, le vinaigre et quelques graines de coriandre. Émincer le chou rouge et le plonger 10 minutes dans ce bouillon. Retirer du feu, couvrir et laisser reposer 30 minutes.

Tremper le pain dans le lait jusqu'à ce qu'il soit bien imbibé. Mélanger le veau haché avec les œufs, le pain préalablement essoré, le persil finement ciselé et le raifort. Saler et poivrer. Incorporer les pickles de chou, bien mélanger la farce à la main, puis former des boulettes de 4 cm de diamètre.

Faire chauffer une poêle avec un peu d'huile de tournesol (ou une autre matière grasse végétale). Saisir les boulettes environ 15 secondes de chaque côté, puis les disposer sur une plaque de cuisson et enfourner 10 minutes à 200 °C.

AGNEAU PIGNONS CUMIN CORIANDRE

POUR 20 BOULETTES
PRÊT EN 35 MINUTES

600 g d'agneau (épaule) fraîchement haché*
2 œufs entiers
50 g de pain
200 ml de lait
1 gros oignon blanc
1 bouquet de coriandre
1 cuillère à soupe de cumin moulu
100 g de pignons de pin
huile de tournesol
1 cuillère à soupe de sucre
1 cuillère à café de sel
5 tours de moulin à poivre

* avec votre hachoir ou par le boucher

Tremper le pain dans le lait jusqu'à ce qu'il soit bien imbibé. Hacher finement la coriandre. Torréfier les pignons de pin quelques secondes dans une poêle à sec. Faire revenir l'oignon émincé dans une casserole à feu doux avec le sucre et une cuillère à soupe d'huile de tournesol. Une fois l'oignon translucide, retirer du feu (avant coloration).

Mélanger l'agneau haché, l'oignon, le pain préalablement essoré, les œufs, les pignons, la coriandre et le cumin. Saler et poivrer.

Bien mélanger la farce à la main, puis former des boulettes de 4 cm de diamètre. Faire chauffer un peu d'huile de tournesol (ou une autre matière grasse végétale) dans une poêle. Saisir les boulettes environ 15 secondes de chaque côté, puis les disposer sur une plaque de cuisson et enfourner 10 minutes à 200 °C.

AGNEAU CITRON CONFIT OLIVES VERTES ROMARIN

POUR 20 BOULETTES
PRÊT EN 35 MINUTES

600 g d'agneau (épaule) fraîchement haché*
2 œufs entiers
50 g de pain
200 ml de lait
1 oignon rouge
1 belle branche de romarin frais
1 citron confit
quelques grosses olives vertes
huile d'olive
huile de tournesol
1 cuillère à café de sel
5 tours de moulin à poivre

* avec votre hachoir ou par le boucher

Tremper le pain dans le lait jusqu'à ce qu'il soit bien imbibé. Dans une casserole avec un fond d'huile d'olive, faire revenir l'oignon rouge finement émincé avec le romarin, les olives vertes coupées en petits dés et le citron confit détaillé en fines lamelles.

Mélanger cette préparation et l'agneau haché, puis ajouter les œufs et le pain préalablement essoré. Saler et poivrer.

Bien mélanger la farce à la main, puis former des boulettes de 4 cm de diamètre. Faire chauffer une poêle avec un peu d'huile de tournesol (ou une autre matière grasse végétale). Saisir les boulettes environ 15 secondes de chaque côté, puis les disposer sur une plaque de cuisson et enfourner 10 minutes à 200 °C.

PORC FENOUIL PAPRIKA

POUR 20 BOULETTES
PRÊT EN 35 MINUTES

500 g de porc (échine) fraîchement haché*
100 g de bœuf (basse côte) fraîchement haché*
2 œufs entiers
50 g de pain
200 ml de lait
1 bulbe de fenouil
1 bouquet de persil plat
50 g de paprika doux moulu
50 g de graines de fenouil moulues
1 bonne cuillère à soupe de moutarde de Dijon
1 cuillère à café de sel
5 tours de moulin à poivre
huile de tournesol

* avec votre hachoir ou par le boucher

Tremper le pain dans le lait jusqu'à ce qu'il soit bien imbibé. Couper le fenouil en brunoise (dés de 2 mm), puis les blanchir 3 minutes dans de l'eau bouillante salée.

Mélanger le porc et le bœuf hachés, puis incorporer les œufs, le pain préalablement essoré, le fenouil blanchi, le persil plat haché, le paprika, les graines de fenouil et la moutarde. Saler et poivrer.

Bien mélanger la farce à la main, puis former des boulettes de 4 cm de diamètre. Faire chauffer une poêle avec un peu d'huile de tournesol (ou une autre matière grasse végétale). Saisir les boulettes environ 15 secondes de chaque côté, puis les disposer sur une plaque de cuisson et enfourner 10 minutes à 200 °C.

PORC RICOTTA ÉPINARDS

POUR 20 BOULETTES
PRÊT EN 35 MINUTES

600 g de porc (échine) fraîchement haché*
1 œuf entier
50 g de pain
200 ml de lait
1 gros oignon blanc
250 g de ricotta
1 sachet de pousses d'épinard fraîches
huile de tournesol
1 cuillère à soupe de sucre
1 cuillère à café de sel
5 tours de moulin à poivre

* avec votre hachoir ou par le boucher

Tremper le pain dans le lait jusqu'à ce qu'il soit bien imbibé. Faire fondre les pousses d'épinard dans une casserole dans un petit fond d'eau, couvrir et laisser cuire 5 minutes à feu très doux. Faire revenir l'oignon émincé dans une casserole à feu doux avec le sucre et une cuillère à soupe d'huile de tournesol. Une fois l'oignon translucide, retirer du feu (avant coloration).

Mélanger le porc haché, l'oignon, l'œuf, les épinards et le pain bien essorés, et la ricotta. Saler et poivrer.

Bien mélanger la farce à la main, puis former des boulettes de 4 cm de diamètre. Faire chauffer une poêle avec un peu d'huile de tournesol (ou une autre matière grasse végétale). Saisir les boulettes environ 15 secondes de chaque côté, puis les disposer sur une plaque de cuisson et enfourner 10 minutes à 200 °C.

PORC BASILIC THAÏ SAUCE AU MIEL

POUR 20 BOULETTES
PRÊT EN 40 MINUTES

600 g de porc (échine) fraîchement haché*
1 œuf entier
50 g de pain
200 ml de lait
1 branche de céleri
1 bouquet de basilic thaï
huile de tournesol
1 cuillère à café de sel
5 tours de moulin à poivre

sauce au miel

3 cuillères à soupe de miel
200 ml de sauce soja

* avec votre hachoir ou par le boucher

Tremper le pain dans le lait jusqu'à ce qu'il soit bien imbibé. Couper la branche de céleri en brunoise (dés de 2 mm), puis les blanchir 3 minutes dans l'eau bouillante salée. Mélanger le porc haché avec l'œuf, le pain préalablement essoré, le céleri blanchi et le basilic thaï haché. Saler et poivrer.

Bien mélanger la farce à la main, puis former des boulettes de 4 cm de diamètre. Faire chauffer une poêle avec un peu d'huile de tournesol (ou une autre matière grasse végétale). Saisir les boulettes environ 15 secondes de chaque côté, puis les disposer sur une plaque de cuisson et enfourner 10 minutes à 200 °C.

Pour la sauce, faire chauffer le miel et la sauce soja dans une casserole à feu moyen environ 5 minutes jusqu'à ce que le mélange épaississe et soit bien brillant. En napper aussitôt les boulettes et servir.

POULET PESTO ABRICOTS SECS

POUR 20 BOULETTES
PRÊT EN 30 MINUTES

600 g de blanc de poulet fraîchement haché*
1 œuf entier
50 g de pain
200 ml de lait
1 pot de pesto verde
60 g de poudre d'amandes
quelques abricots secs
1 cuillère à café de sel
5 tours de moulin à poivre

*** avec votre hachoir ou par le boucher**

Tremper le pain dans le lait jusqu'à ce qu'il soit bien imbibé. Mélanger le poulet haché avec les abricots secs coupés en petits dés, le pesto verde, l'œuf et le pain préalablement essoré. Saler et poivrer.

Bien mélanger la farce à la main, puis former des boulettes de 4 cm de diamètre et les rouler dans la poudre d'amandes. Enfourner 10 minutes à 200 °C.

astuce

Vous pouvez déguster ces boulettes en les trempant dans un guacamole maison : écraser 3 avocats bien mûrs avec 3 cuillères à soupe d'huile d'olive, quelques brins de coriandre ciselés, le jus de 1 citron vert et 1 piment émincé. Saler et poivrer.

POULET GINGEMBRE CITRONNELLE CORIANDRE

POUR 20 BOULETTES
PRÊT EN 40 MINUTES

600 g de blanc de poulet fraîchement haché*
1 œuf entier
un bouquet de coriandre fraîche
un morceau de gingembre frais
quelques germes de soja
2 cuillères à soupe de chapelure
1 cuillère à café de sel
5 tours de moulin à poivre

bouillon

1 cube de bouillon de poule
1 carotte
1 piment
1 tige de citronnelle
quelques feuilles de céleri
quelques graines de coriandre
quelques tiges de coriandre fraîche
quelques oignons nouveaux

* avec votre hachoir ou par le boucher

Diluer le cube de bouillon de poule dans 1 litre d'eau bouillante. Ajouter le piment entier, la citronnelle, le céleri, les graines et les tiges de coriandre, la carotte coupée en petits dés et les oignons nouveaux émincés. Laisser bouillir le temps de préparer les boulettes.

Mélanger le poulet haché avec l'œuf, la chapelure, la coriandre ciselée et les germes de soja coupés en petits morceaux. Ajouter un peu de gingembre frais râpé. Saler et poivrer.

Avec les mains humides, former des boulettes de 4 cm de diamètre, puis les pocher immédiatement dans le bouillon. Laisser cuire une dizaine de minutes et servir aussitôt.

astuce

Pour former les boulettes, on peut utiliser du film alimentaire : déposer un peu de farce sur du film, puis refermer en tournant jusqu'à former une boule.

POULET CITRON ESTRAGON

POUR 20 BOULETTES
PRÊT EN 30 MINUTES

600 g de blanc de poulet fraîchement haché*
1 œuf entier
50 g de pain
200 ml de lait
1 bouquet d'estragon
1 poireau
2 citrons jaunes
125 g de chapelure de pain
1 cuillère à soupe de moutarde de Dijon
huile de friture
1 cuillère à café de sel
5 tours de moulin à poivre

* avec votre hachoir ou par le boucher

Tremper le pain dans le lait jusqu'à ce qu'il soit bien imbibé. Émincer finement le poireau et le blanchir 3 minutes dans l'eau bouillante salée. Mélanger le poulet haché avec l'œuf, le pain préalablement essoré, le poireau blanchi et l'estragon ciselé. Saler et poivrer. Ajouter la moutarde, le jus des deux citrons et le zeste d'un seul.

Bien mélanger la farce à la main, puis former des boulettes de 4 cm de diamètre et les rouler dans la chapelure. Cuire quelques minutes à la friteuse à 120 °C.

cuisson sans friteuse

Faire chauffer l'huile dans une sauteuse ou une grande casserole. Pour tester la température, y jeter un peu de chapelure : elle doit grésiller.

POULET GORGONZOLA JAMBON CRU

POUR 20 BOULETTES
PRÊT EN 35 MINUTES

400 g de blanc de poulet fraîchement haché*
5 belles tranches de jambon cru
1 œuf entier
50 g de pain
200 ml de lait
150 g de gorgonzola
1 cuillère à soupe de chapelure
huile de tournesol
3 pincées de sel
5 tours de moulin à poivre

* avec votre hachoir ou par le boucher

Tremper le pain dans le lait jusqu'à ce qu'il soit bien imbibé. Mélanger le poulet haché avec le jambon cru coupé en petits morceaux, l'œuf, le pain préalablement essoré, le gorgonzola et la chapelure. Saler et poivrer.

Bien mélanger la farce à la main, puis former des boulettes de 4 cm de diamètre. Faire chauffer une poêle avec un peu d'huile de tournesol (ou une autre matière grasse végétale). Saisir les boulettes environ 15 secondes de chaque côté, puis les disposer sur une plaque de cuisson et enfourner 10 minutes à 200 °C.

SPICY CHORIZO PIMENTS

POUR 20 BOULETTES
PRÊT EN 35 MINUTES

450 g de bœuf (basse côte) fraîchement haché*
150 g de chorizo fort
2 œufs entiers
50 g de pain
200 ml de lait
1 gros oignon blanc
1 bouquet de persil plat
1 citron jaune
5 piments oiseau (piment frais)
1 cuillère à soupe de sucre en poudre
huile de tournesol
1 cuillère à café de sel
5 tours de moulin à poivre

* avec votre hachoir ou par le boucher

Tremper le pain dans le lait jusqu'à ce qu'il soit bien imbibé. Faire revenir l'oignon dans une casserole à feu doux avec le sucre et une cuillère à soupe d'huile de tournesol. Une fois l'oignon translucide, retirer du feu (avant coloration). À l'aide d'un hachoir, hacher le bœuf avec le chorizo et les piments pour une farce plus homogène. À défaut, ôter le boyau du chorizo et le mixer au robot avec les piments, puis incorporer le tout au bœuf haché. Ajouter les œufs, le pain préalablement essoré, le persil plat ciselé, l'oignon et le zeste du citron. Saler et poivrer.

Bien mélanger la farce à la main, puis former des boulettes de 4 cm de diamètre. Faire chauffer une poêle avec un peu d'huile de tournesol (ou une autre matière grasse végétale). Saisir les boulettes environ 15 secondes de chaque côté, puis les disposer sur une plaque de cuisson et enfourner 10 minutes à 200 °C.

KLOPS BŒUF ET VEAU ROSTIS

POUR 20 BOULETTES
PRÊT EN 40 MINUTES

400 g de bœuf (basse côte) fraîchement haché*
200 g de veau (basse côte) fraîchement haché*
2 œufs entiers
50 g de pain
200 ml de lait
1 bouquet de persil plat
sel, poivre

rostis

4 grosses pommes de terre bintje
1 gros oignon blanc
1 œuf
1 cuillère à café de sel
5 tours de moulin à poivre
huile de tournesol

* avec votre hachoir ou par le boucher

Tremper le pain dans le lait jusqu'à ce qu'il soit bien imbibé. Mélanger les deux viandes, le persil finement ciselé, les œufs, le pain préalablement essoré. Saler et poivrer.
Bien mélanger la farce à la main, puis former des boulettes de 4 cm de diamètre.

Pour les galettes, râper les pommes de terre et l'oignon. Mélanger le tout avec l'œuf, saler et poivrer. Former de belles galettes, puis cuire 5 minutes de chaque côté dans une poêle huilée.

Dans la poêle encore chaude, rajouter un peu d'huile de tournesol (ou une autre matière grasse végétale). Saisir les boulettes 5 minutes de chaque côté, puis ajouter l'oignon coupé en petits dés et laisser colorer dans le jus de cuisson. Servir aussitôt avec les galettes de pommes de terre.

BOUDIN ÉCHALOTES POMMES DE TERRE

POUR 20 BOULETTES
PRÊT EN 40 MINUTES

300 g de boudin noir
5 grosses pommes de terre bintje
2 échalotes
1 bouquet de persil plat
1 piment fort
beurre
huile de tournesol
1 cuillère à café de sel
5 tours de moulin à poivre

Émincer les échalotes, puis les faire fondre dans une poêle avec du beurre et une goutte d'huile. Retirer et jeter le boyau du boudin, décomposer la farce et la faire revenir dans la poêle. Éplucher les pommes de terre et bien les faire cuire à cœur dans l'eau bouillante. À l'aide d'une fourchette, les écraser grossièrement avec le boudin. Ajouter le persil ciselé et le piment finement haché. Saler et poivrer.

Bien mélanger la farce à la main, puis former des boulettes de 4 cm de diamètre. Faire chauffer une poêle avec un peu d'huile de tournesol (ou une autre matière grasse végétale). Saisir 2 minutes de chaque côté.

VEAU FOIE DE VEAU RAISINS FLAMBÉS

POUR 20 BOULETTES
PRÊT EN 40 MINUTES

450 g de veau (noix ou tendron) fraîchement haché*
150 g de foie de veau
50 g de pain
200 ml de lait
2 œufs entiers
1 bouquet de persil plat
1 cuillère à soupe de chapelure
1 gros oignon blanc
1 cuillère à soupe de moutarde
1 cuillère à soupe de sucre
huile de tournesol
1 cuillère à café de sel
5 tours de moulin à poivre

raisins flambés

1 petite grappe de raisin blanc
100 ml de calvados
beurre

* avec votre hachoir ou par le boucher

Tremper le pain dans le lait jusqu'à ce qu'il soit bien imbibé. Faire revenir l'oignon émincé dans une casserole à feu doux avec le sucre et une cuillère à soupe d'huile de tournesol. Une fois l'oignon translucide, retirer du feu (avant coloration). Couper la moitié du foie de veau en petits dés. Passer l'autre moitié au mixeur avec les œufs et la chapelure, puis incorporer cette préparation au veau haché. Ajouter les dés de foie, le persil finement ciselé, le pain préalablement essoré, l'oignon et la moutarde. Saler et poivrer.

Bien mélanger la farce à la main, puis former des boulettes de 4 cm de diamètre. Faire chauffer une poêle avec un peu d'huile de tournesol (ou une autre matière grasse végétale). Saisir les boulettes environ 15 secondes de chaque côté, puis les disposer sur une plaque de cuisson et enfourner 10 minutes à 200 °C.

Peler quelques grains de raisin, puis les faire revenir quelques minutes à la poêle dans du beurre. Arroser de calvados et flamber avec une allumette juste avant de servir.

MERLAN CITRON VERT CURCUMA GINGEMBRE

POUR 20 BOULETTES
PRÊT EN 35 MINUTES

400 g de filet de merlan
1 citron vert
3 brins de cébette (ou 10 brins de ciboulette)
3 cuillères à soupe de chapelure
1 cuillère à soupe de curcuma en poudre
1 cuillère à soupe de gingembre en poudre
huile d'olive ou beurre
1 cuillère à café de sel
5 tours de moulin à poivre

Bien vérifier qu'il n'y a pas d'arêtes dans les filets avant de couper le poisson en petits morceaux et de les passer rapidement au mixeur (il doit rester des morceaux pour donner de la consistance aux boulettes). Ajouter le jus et le zeste du citron, la cébette finement ciselée (le blanc et le vert), la chapelure, le curcuma et le gingembre. Saler et poivrer.

Bien mélanger la farce à la main, puis former des boulettes de 4 cm de diamètre. Faire chauffer une poêle avec un peu d'huile d'olive ou de beurre selon les goûts. Saisir les boulettes environ 15 secondes de chaque côté, puis les disposer sur une plaque de cuisson et enfourner 10 minutes à 200 °C.

THON SÉSAME SAUCE SOJA

POUR 20 BOULETTES
PRÊT EN 25 MINUTES

400 g de thon frais
1 citron
1 bouquet de ciboulette
3 cuillères à soupe de chapelure
200 ml de sauce soja
graines de sésame blanc
1 œuf entier
1 cuillère à café de sel
5 tours de moulin à poivre

Couper le thon cru en très petits dés et laisser mariner 15 minutes dans la sauce soja. Enlever l'excédent de sauce, ajouter le jus du citron, la ciboulette finement ciselée et la chapelure. Saler et poivrer.

Former des boulettes de 4 cm de diamètre, les tremper dans l'œuf battu puis les rouler délicatement dans le sésame. Disposer sur une plaque de cuisson et enfourner 5 minutes à 200 °C. Le thon doit rester cru à cœur.

AUBERGINE POIS CHICHES CUMIN

POUR 20 BOULETTES
PRÊT EN 40 MINUTES

8 grosses aubergines
1 boîte de pois chiches cuits
1 œuf entier
1 gros oignon rouge
1 bouquet de persil plat
1 cuillère à soupe de cumin moulu
125 g de chapelure
huile de tournesol
50 g de sucre
1 cuillère à café de sel
5 tours de moulin à poivre

Couper les aubergines en deux dans la longueur et enfourner 20 minutes à 180 °C jusqu'à ce que leur chair soit bien tendre. Laisser refroidir. Détailler l'oignon rouge en lamelles et les faire compoter dans une casserole à couvert, 15 minutes à feu doux, avec le sucre et un fond d'huile.

Peler les aubergines cuites et mélanger la chair avec les pois chiches égouttés. Mixer grossièrement la préparation avec un mixeur plongeur (il doit rester quelques pois chiches entiers pour donner de la consistance aux boulettes). Incorporer l'oignon rouge caramélisé, le persil finement ciselé, l'œuf et le cumin. Saler et poivrer.

Former des boulettes de 4 cm de diamètre et les rouler dans la chapelure. Cuire quelques minutes à la friteuse à 120 °C jusqu'à ce qu'elles soient dorées.

cuisson sans friteuse

Faire chauffer l'huile dans une sauteuse ou une grande casserole. Pour tester la température, y jeter un peu de chapelure : elle doit grésiller.

COURGETTE PARMESAN PERSIL AIL

POUR 20 BOULETTES
PRÊT EN 30 MINUTES

6 courgettes
4 grosses pommes de terre bintje
300 g de parmesan râpé
2 œufs entiers
2 gousses d'ail
1 bouquet de persil plat
40 g de farine
huile d'olive
1 cuillère à café de sel
5 tours de moulin à poivre

Laver les courgettes avant de les couper en gros tronçons, puis les faire revenir dans une sauteuse avec les gousses d'ail hachées, le sel, le poivre et un peu d'huile d'olive. Éplucher les pommes de terre et bien les faire cuire à cœur dans de l'eau bouillante. Mélanger les courgettes et les pommes de terre cuites en écrasant le tout grossièrement. Incorporer 250 g de parmesan râpé, les œufs et le persil ciselé.

Former des boulettes de 4 cm de diamètre et les rouler dans un mélange de farine et de parmesan. Les plonger quelques secondes dans une friteuse à 120 °C.

cuisson sans friteuse

Faire chauffer l'huile dans une sauteuse ou une grande casserole. Pour tester la température, y jeter un peu de chapelure : elle doit grésiller.

QUINOA POIS CHICHES CAROTTE CORIANDRE

POUR 20 BOULETTES
PRÊT EN 40 MINUTES

350 g de quinoa
100 g de pois chiches cuits
1 carotte
1 bouquet de persil plat
1 bouquet de coriandre
1 citron
2 œufs entiers
20 g de farine
1 cuillère à café de sel

Faire cuire le quinoa dans de l'eau bouillante jusqu'à ce que les grains soient translucides et le germe apparent. Bien égoutter. Couper la carotte en petits dés et la cuire une dizaine de minutes dans de l'eau bouillante. Hacher finement le persil et la coriandre, presser le jus du citron.

Mélanger tous ces ingrédients, puis ajouter les pois chiches, les œufs, la farine et le sel. Former des boulettes de 4 cm de diamètre puis les plonger quelques minutes dans une friteuse à 120 °C.

cuisson sans friteuse

Faire chauffer l'huile dans une sauteuse ou une grande casserole. Pour tester la température, y jeter un peu de chapelure : elle doit grésiller.

FROMAGE PIMENT D'ESPELETTE

POUR 20 BOULETTES
PRÊT EN 25 MINUTES

400 g de fromage frais
(type Carré frais®)
200 g de comté râpé
piment d'Espelette
1 œuf
farine
chapelure
1/2 cuillère à café de sel
5 tours de moulin à poivre

Mélanger le fromage frais et le comté râpé. Saler, poivrer et ajouter un peu de piment d'Espelette, selon les goûts.

Former des boulettes de 4 cm de diamètre et les rouler dans la farine, puis dans l'œuf battu, puis dans la chapelure. Renouveler l'opération une seconde fois. Plonger les boulettes panées quelques instants dans une friteuse à 120 °C jusqu'à ce qu'elles soient bien dorées.

cuisson sans friteuse

Faire chauffer l'huile dans une sauteuse ou une grande casserole. Pour tester la température, y jeter un peu de chapelure : elle doit grésiller.

SANDWICH BOULETTES BEURRE D'HERBES SAUCE TOMATE

POUR 1 SANDWICH
PRÊT EN 25 MINUTES

1/2 baguette tradition
4 boulettes de bœuf classiques (page 8)
3 cuillères à soupe de sauce tomate (page 64)

Beurre d'herbes

35 g de beurre
1/2 bouquet d'estragon
1/2 bouquet de persil plat
1 cuillère à soupe de jus de citron

Mixer le beurre pommade avec les herbes et le jus de citron (possibilité d'ajouter d'autres herbes selon les goûts).

Couper la demi-baguette en deux dans le sens de la longueur puis enlever l'excédent de mie.

Tartiner la face inférieure de beurre d'herbes, ajouter les boulettes cuites puis les recouvrir de sauce tomate. Refermer le sandwich.

take away

BALLS

SAUCES

SAUCE TOMATE

POUR 400 G
PRÊT EN 30 MINUTES

2 kg de tomates bien mûres ou 1 boîte de tomates pelées concassées
1 cuillère à soupe de concentré de tomate
1 bouquet de thym
quelques feuilles de laurier
1 bouquet de basilic
4 cuillères à soupe d'huile d'olive
1 cuillère à soupe de sucre
sel

Couper les tomates en gros morceaux et les disposer au fond d'une cocotte avec l'huile d'olive. Ajouter le concentré de tomate, le thym, le laurier, le basilic coupé et le sucre. Saler et laisser mijoter 30 minutes à feu doux.

YAOURT AUX HERBES

POUR 400 G
PRÊT EN 10 MINUTES

500 g de yaourt grec
1 échalote
1 bouquet d'aneth
vinaigre de xérès
1 cuillère à soupe de sucre (facultatif)
sel

Peler l'échalote, puis la passer au mixeur avec une tasse de vinaigre de xérès. Ajouter le yaourt grec et l'aneth finement ciselé. Saler. Pour atténuer l'acidité, incorporer le sucre.

DÉGLON
GRAND CHEF

SIDES FROIDS

LENTILLES FETA COURGETTE

POUR 4 PERSONNES
PRÊT EN 40 MINUTES

250 g de lentilles vertes
1 gros oignon rouge
100 g de feta
1 courgette
1 grenade
quelques cerneaux de noix
huile d'olive, moutarde, vinaigre de vin, 1 c. à s. de sucre, sel, poivre

Rincer les lentilles, les faire cuire 20 minutes dans de l'eau bouillante. Émincer très finement la moitié de l'oignon. Couper l'autre moitié en lamelles et les faire revenir dans une casserole à feu moyen avec le sucre et 1 c. à s. d'huile d'olive. Mélanger les lentilles, l'oignon cru et cuit, la moutarde, le vinaigre et l'huile. Saler et poivrer. Dresser une base de lentilles recouverte de courgette et parsemée de feta émiettée, de noix et de quelques grains de grenade.

POIVRONS TOMATES VERTES CHÈVRE FRAIS

POUR 4 PERSONNES
PRÊT EN 50 MINUTES

6 poivrons rouges et jaunes
2 tomates vertes
1 bouquet de persil
5 oignons nouveaux
quelques olives noires
1 fromage de chèvre frais type Petit Billy®
le jus de 1 citron jaune
huile d'olive, sel

Enfourner les poivrons entiers 30 minutes à 200 °C. Les épépiner, les peler et les couper en petits morceaux. Laisser mariner 10 minutes dans de l'huile d'olive, le jus de citron et le sel mélangés. Ajouter le persil finement ciselé, les oignons nouveaux émincés et les tomates coupées en quartiers. Parsemer d'olives et servir avec des morceaux de chèvre frais.

ÉPINARDS SUCRINE POIS

POUR 4 PERSONNES
PRÊT EN 20 MINUTES

1 sachet de pousses d'épinard
1 sucrine
1 barquette de pois gourmands
quelques petits pois frais

sauce verte

1 bouquet de coriandre
2 c. à s. de miel
1 c. à s. de vinaigre
le jus de 1 citron
huile d'olive, sel

Mixer tous les ingrédients de la sauce. Plonger les petits pois et les pois gourmands 5 minutes dans de l'eau bouillante salée. Stopper la cuisson en les plongeant dans un bol d'eau fraîche rempli de glaçons. Mélanger les pousses d'épinard, la sucrine taillée en julienne et les pois. Napper de sauce.

SIDES CHAUDS

RISOTTO ASPERGES

POUR 4 PERSONNES
PRÊT EN 30 MINUTES

500 g de riz rond à risotto
20 g de beurre
2 c. à s. de fond de volaille
250 ml de crème liquide
50 g de parmesan râpé
asperges vertes en saison (ou autre légume au choix)
2 feuilles de laurier
sel, poivre

Dans une marmite à feu doux, faire nacrer le riz dans le beurre, puis ajouter le laurier. Diluer le fond de volaille dans 1 litre d'eau et recouvrir le riz d'un peu de ce bouillon. Laisser mijoter jusqu'à absorption complète du liquide. Renouveler l'opération jusqu'à ce que le riz soit bien gonflé. Couper les asperges en rondelles et les blanchir 3 minutes dans de l'eau bouillante salée. Mélanger le riz avec la crème, le parmesan et les asperges. Saler, poivrer.

PURÉE PATATES DOUCES GINGEMBRE

POUR 4 PERSONNES
PRÊT EN 40 MINUTES

4 belles patates douces
20 g de gingembre frais
quelques feuilles de coriandre
200 ml de crème liquide
sel

Éplucher et couper les patates douces en gros morceaux, puis les faire cuire une trentaine de minutes dans l'eau bouillante salée jusqu'à ce que la chair soit bien tendre. Égoutter puis ajouter le gingembre pelé et râpé. Réduire le tout en une purée bien lisse à l'aide d'un mixeur plongeur. Au moment de servir, détendre la purée avec un peu de crème liquide et ajouter quelques feuilles de coriandre hachées.

POLENTA MASCARPONE

POUR 4 PERSONNES
PRÊT EN 10 MINUTES

1 L de lait
250 g de polenta
1 grosse cuillère à soupe de mascarpone
50 g de parmesan râpé
sel, poivre

Porter le lait à ébullition, puis verser la polenta et laisser cuire 3 minutes en remuant. Retirer du feu et stopper la cuisson en incorporant le mascarpone. Si la polenta est trop épaisse, la détendre en rajoutant un peu de lait. Incorporer le parmesan râpé, le sel et un tour de moulin à poivre. Servir bien chaud.

DESSERTS

CHARLOTTE À LA CRÈME

POUR 4 PIÈCES
PRÊT EN 20 MINUTES

300 ml de crème liquide
300 g de fromage blanc
100 g de sucre
20 boudoirs
quelques fruits rouges

Couper les boudoirs en biseau, les humidifier à l'eau sucrée avec un pinceau, puis les disposer en rond à l'intérieur de 4 emporte-pièces de 7 cm de diamètre. Fouetter la crème liquide avec le sucre jusqu'à obtenir une chantilly. Incorporer le fromage blanc, puis fouetter à nouveau quelques instants.

À l'aide d'une poche à douille, répartir la crème dans les emporte-pièces de façon à recouvrir les boudoirs. Réserver au frais 1 heure minimum. Décorer de fruits rouges avant de servir.

POMMES AU FOUR

POUR 4 PIÈCES
PRÊT EN 35 MINUTES

4 pommes golden
50 g de beurre
50 g de cassonade

Rincer et évider les pommes. Remplir le centre de chacune avec du beurre. Saupoudrer de cassonade, puis enfourner environ 30 minutes à 120 °C jusqu'à ce que les pommes caramélisent.

BALLS RESTAURANT

47, rue Saint-Maur - 75011 Paris
www.ballsrestaurant.com

REMERCIEMENTS

Merci à Pauline Labrousse pour sa confiance.
Merci à Charlotte Lacsève et Christine Legeret pour leur magnifique travail sur les photos et le stylisme.
Merci et bravo à Cassandre Senechal pour son implication et sa créativité.
Merci à Élodie Giraud pour sa bienveillance.
Merci à Sébastien Poisson pour ses conseils.
Enfin, merci à Joseph pour son enthousiasme à toute épreuve et à Sarah pour son grand soutien.

SHOPPING

Merci 111, bd Beaumarchais - 75003 Paris
Fleux 39, rue Sainte-Croix de la Bretonnerie - 75004 Paris

Mise en pages : Frédéric Voisin
Relecture : Anne Guerquin et Véronique Dussidour

43, quai de Grenelle, 75905 Paris Cedex 15
Dépôt légal : février 2015
7166771
ISBN : 978-2-501-10036-6
Achevé d'imprimer en Espagne chez Graphicas Estella en décembre 2014

PAPIER À BASE DE FIBRES CERTIFIÉES

MARABOUT
s'engage pour l'environnement en réduisant l'empreinte carbone de ses livres.
Celle de cet exemplaire est de :
450 g éq. CO_2
Rendez-vous sur
www.marabout-durable.fr